BEI GRIN MACHT SICH IHR WISSEN BEZAHLT

- Wir veröffentlichen Ihre Hausarbeit, Bachelor- und Masterarbeit
- Ihr eigenes eBook und Buch - weltweit in allen wichtigen Shops
- Verdienen Sie an jedem Verkauf

Jetzt bei www.GRIN.com hochladen und kostenlos publizieren

Inga von der Stein

Panem et Circensis - Die Macht der römischen Unterhaltungskultur

GRIN Verlag

Bibliografische Information der Deutschen Nationalbibliothek:

Die Deutsche Bibliothek verzeichnet diese Publikation in der Deutschen Nationalbibliografie; detaillierte bibliografische Daten sind im Internet über http://dnb.d-nb.de/ abrufbar.

Dieses Werk sowie alle darin enthaltenen einzelnen Beiträge und Abbildungen sind urheberrechtlich geschützt. Jede Verwertung, die nicht ausdrücklich vom Urheberrechtsschutz zugelassen ist, bedarf der vorherigen Zustimmung des Verlages. Das gilt insbesondere für Vervielfältigungen, Bearbeitungen, Übersetzungen, Mikroverfilmungen, Auswertungen durch Datenbanken und für die Einspeicherung und Verarbeitung in elektronische Systeme. Alle Rechte, auch die des auszugsweisen Nachdrucks, der fotomechanischen Wiedergabe (einschließlich Mikrokopie) sowie der Auswertung durch Datenbanken oder ähnliche Einrichtungen, vorbehalten.

Impressum:

Copyright © 2012 GRIN Verlag GmbH
Druck und Bindung: Books on Demand GmbH, Norderstedt Germany
ISBN: 978-3-656-19985-4

Dieses Buch bei GRIN:

http://www.grin.com/de/e-book/191451/panem-et-circensis-die-macht-der-roemischen-unterhaltungskultur

GRIN - Your knowledge has value

Der GRIN Verlag publiziert seit 1998 wissenschaftliche Arbeiten von Studenten, Hochschullehrern und anderen Akademikern als eBook und gedrucktes Buch. Die Verlagswebsite www.grin.com ist die ideale Plattform zur Veröffentlichung von Hausarbeiten, Abschlussarbeiten, wissenschaftlichen Aufsätzen, Dissertationen und Fachbüchern.

Besuchen Sie uns im Internet:

http://www.grin.com/

http://www.facebook.com/grincom

http://www.twitter.com/grin_com

Panem et Circenses
Die römische Unterhaltungskultur

Inhaltsverzeichnis

1	Einleitung	3
2	Iuvenal - der Schöpfer der These „Panem et Circenses"	4
3	*Panem* - die staatliche Getreideversorgung	5
4	*Circenses* - Die römischen Spiele	7
4.1	Der Ursprung der Gladiatorenspiele	7
4.2	Die Entstehung einer Unterhaltungsindustrie	8
4.3	Kritik und das Ende der Spiele	11
5	Der Wunsch nach *Panem et Circensis* in der modernen Gesellschaft	13
6	Fazit	16
7	Literaturverzeichnis	17
8	Anhang	20

1 Einleitung

"iam pridem, ex quo suffragia nulliuendimus, effudit curas; nam qui dabat olimimperium, fasces, legions, omnia, nunc secontinent atque duas tantum res anxius optat, ***panem et circenses.****"*

Iuvenal, Satura X, 77-81

„Das römische Volk scheint schon seit langer Zeit kein Interesse mehr an der Politik zu besitzen. Einst bestimmte es über alles, die Herrschaft, die Ämter und die Legionen. Doch nun wünscht sich das Volk, um zufrieden zu sein, nur noch zwei Dinge, **Brot und Spiele.**"

Panem et circenses - dieser berühmte Ausdruck stammt aus der Feder des römischen Dichters Iuvenal (60 - 127 n. Chr.) mit welchem er eindrucksvoll den Zustand der römischen Gesellschaft seinerzeit bezeichnet.

In seiner Satire kritisiert dieser, dass das römische Volk jegliches politisches Mitspracherecht gegen **Brot und Spiele** eingetauscht habe.

Mein Interesse an dieser Parole weckte der im Jahr 2009 erschienene Science-Fiction-Roman „Die Tribute von Panem." Der Bestseller enthält zahlreiche Bezüge zum alten Rom und zeigt eine dystopische Gesellschaft auf, in der das Prinzip der Brot und Spiele an der Tagesordnung ist.

Der Ausspruch *Panem et circenses* bildet die Grundlage meiner Facharbeit und verbindet die unterschiedlichen Themenbereiche miteinander.

Zuerst werde ich mich dem Begriff des *Panem* widmen und auf die damit von Iuvenal angesprochenen Getreidespenden des Staates an die Bürger eingehen. Der Schwerpunkt meiner Arbeit liegt auf der Beschreibung des zweiten Teils von Iuvenals berühmtem Ausspruchs, den *Circenses*.

Nach Behandlung der einzelnen Begriffe werde ich abschließend die antike Parole auf die Gegenwart beziehen und differenziert versuchen folgende Frage zu beantworten:

In welcher Hinsicht ist der berühmte Ausspruch, der bis heute überdauert hat, auf unsere derzeitige Gesellschaft anwendbar?

2   Iuvenal - der Schöpfer der These „Panem et Circenses"

"Cereri sacrum
Decimus Iunius Iuvenalis
Tribunus cohortis I delmatarum
II vir quinq vennalis flamen
Divi vespasiani
Vovit dedicauitque
Sua pecunia"

"Ceres zum Opfer
Decimus Iunius Iuvenalis,
Militärtribun der 1. Kohorte der Delmatae
fünfjährig im Doppelamt Opferpriester
des göttlichen Vespasians
gelobt und geweiht
sein Vermögen"

Corpus Inscriptionum Latinarum X.5382

Diese Inschrift wurde auf einem Grabstein in Aquinum entdeckt und gilt als einziger Hinweis auf die biographischen Punkte des Satirendichters Iuvenals, abgesehen von den aus seinen Satiren hervorgehenden Angaben. Gesichert ist diese Annahme jedoch nicht, Kritiker sehen eine militärische Karriere konträr zu seiner Ablehnung des Militärs in seinen konzipierten Satiren und sind vielmehr der Meinung, es handele sich um einen späteren Nachfahren des Dichters.[1]

Dagegen spricht die Assoziation mit der Erntegöttin Ceres, die Iuvenal in seinen Satiren als einziger Gottheit hohen Respekt zuspricht. Außerdem wird angenommen, dass der römische Bürger seine Karriere als Satiriker erst im späteren Lebensverlauf aufnahm. Darauf deutet auch sein Freund und Dichter Martial hin, der Iuvenal nicht als Dichter beschreibt.[2]

Mehr als über sein Leben ist über Iuvenals Satiren bekannt, die ihn als brillanten Kritiker der Gesellschaftszustände in Rom in die Geschichte eingehen ließen. Er übt in seinen insgesamt 16 verfassten Satiren schonungslose Kritik an den Missständen in Rom.[3] Diese Texte können dem heutigen Leser ein anschauliches, möglicherweise aber auch überzogenes Bild der damaligen Lebensumstände vermitteln.

Als seine bekanntesten Thesen gelten neben *Panem et Circenses* außerdem *Sed quis custodiet ipsos custodes?* – Wer bewacht die Wächter? [Satura IV, 347] und die Aussage, die den Satiriker Iuvenal selbst wohl am passendsten beschreibt: *Difficile est saturam non scribere*. - Es ist schwierig, keine Satire zu verfassen [Satura I, 30].

---

[1] Vgl. KNOCHE, U. 1982, *Die römische Satire*, Göttingen, S.89
[2] Vgl. KNOCHE, S.90
[3] Vgl. VOGEL, A. 2010, *Iuvenal- Satiren: Interpretation der Textstelle aus Iuv. Sat. 5, 49-79*, München, S. 5

3 *Panem* - die staatliche Getreideversorgung

„C. Graccus, [...] perniciosas aliquot leges tulit, inter quas frumentariam, ut senis et triente frumentum plebi daretur;"

Livius, Periocha LX

„Gaius Graccus [...] hat einige verheerende Gesetzes(vorschläge) eingebracht, unter diesen einen zur Getreideversorgung, so würde er den Alten und dem Volk ein Drittel des Getreides erteilen."

Dieses Zitat geht zurück auf den römischen Geschichtsschreiber Livius, der in seinem Werk „Ab urbe condita" kurz die Person des Gaius Graccus' (153 - 121 v. Chr.) vorstellt und die von ihm erbrachten Gesetze. Eines davon war im Jahr 123 v. Chr. das *lex frumentaria*, ein Gesetz, welches bis zum Ende des Reiches die Getreideversorgung in Rom regeln sollte.[4]

Den Aspekt der Getreideschenkungen Roms mit einzubringen, ist insofern wichtig, als dass dieses Kapitel den ersten Teil der These *Panem et Circenses* beleuchten soll, ohne welchen diese eindrucksvolle Charakterisierung der römischen Gesellschaft wohl nicht annähernd so viel Wirkung erzielt hätte.

Die mit der *lex frumentaria* festgelegten Regelung war folgende: Künftig sollte jeder römische Bürger das Recht haben, eine bestimmte Menge Getreide monatlich zu einem festen Preis zu kaufen.[5]

Diese Grundzüge legen den Eindruck nahe, dass der Großteil des *plebs urbana* (das städtische Volk) in einer Art Wohlfahrtsstaat lebte, ohne selbst für seinen Lebensunterhalt arbeiten zu müssen. Aber wie viel Wahrheitsgehalt steckt in der Legende dieses römischen „Schlaraffenlandes?"[6]

Die Beweggründe von Graccus zum Gesetz bezüglich der *cura annonae* (Getreideversorgung) waren zweierlei. Einerseits war die Einwohnerzahl in Rom im 3. und 2. Jahrhundert v. Chr. rasant angewachsen und zum anderen war die landwirtschaftliche Pro-

---

[4] Vgl. ANONYM, [1] 2001. *Panem et Circenses – Die Macht der römischen Unterhaltungskultur.* Norderstedt, S. 7
[5] Vgl. WEBER, C.W. [1]1983. *PANEM ET CIRCENSIS – Massenunterhaltung als Politik im antiken Rom.* Düsseldorf und Wien, S.255.
[6] Vgl. WEBER, S. 273

duktion im Verhältnis dazu erheblich zurückgegangen. Kurz gefasst: das römische Reich war nicht mehr in der Lage sich selbst zu ernähren.

Die Nahrungsbeschaffung erfolgte nun hauptsächlich durch den Import von *frumentum* (Getreide) aus den zahlreichen Provinzen Roms, was allerdings einige Schwierigkeiten barg. (siehe Anhang I: Getreide für Rom)

Auf den nachteiligen Effekt, welche unter anderem der Import mit sich brachte, weist Livius ↑ mit dem Adjektiv *perniciosas* hin, welches übersetzt werden kann mit „verheerend", „verderblich" oder auch „ruinös." In der Tat, unter den enormen Kosten, die insbesondere der Transport des Getreides verursachte, hatte die Staatskasse schwer zu leiden. Aus diesem Grund wurde regelmäßig die Zahl der Empfangsberechtigten gesenkt.[7]

Außerdem mussten zwei Kriterien erfüllt werden, um sich für die *frumentationes* (Getreideversorgung) zu qualifizieren. Eine Bedingung war der Besitz des vollen römischen Bürgerrechtes und die andere, seinen Wohnsitz in Rom zu haben.

Diese Kriterien schlossen allerdings einen mehrheitlichen Teil der Bewohner Roms aus, denn nur freie Männer besaßen das römische Bürgerrecht.

Jeder Berechtigte erhielt monatlich 5 *modii* (Scheffel) Getreide, was einem täglichem Ernährungswert von drei- bis viertausend Kalorien entspricht, die wohl kaum ausreichten, um Tag für Tag eine ganze Familie zu ernähren.[8] Aus diesem Grund kann das als häufig etikettierte Leben der Römer im „Schlaraffenland" nur als Märchen betrachtet werden.

„Dennoch verband sich der Gedanke [der Römer] an eine [verlässliche] Getreideverteilung stets mit der Vorstellung kaiserlicher Großzügigkeit und Verantwortlichkeit."[9] Somit dienten die *frumentationes* als wichtiges Kontrollinstrument des Kaisers über seine Untertanen, welches zu der These des *Panem et Cirenses* führt.

Für das Wohl der Bürger in Rom musste nicht nur die Staatskasse zahlen, sondern auch Gaius Graccus. Seinen Einsatz für das einfache Volk büßte er mit dem Tod.

---

[7] Vgl. WEBER, S.261
[8] Vgl. WEBER, S.263
[9] Vgl. WEBER, S.264.

4 *Circenses* - Die römischen Spiele

4.1 Der Ursprung der Gladiatorenspiele

"Superest illius insignissimi spectaculi ac receptissimi recognitio. [...] Muneris nomen est. Officium autem mortuis hoc spectaculo facere se veteres arbitrabantur, [...]"

Tertullian, De Spectaculis XII,1

„Es bleibt übrig, das berühmteste und beliebteste der Schauspiele zu betrachten. [...] Dieses trägt den Namen „die Geschenke." Die Alten glaubten ferner, dass durch dieses Schauspiel den Toten ein Dienst erwiesen wurde, [...]"

Munera - so lautete die Bezeichnung für die Gladiatorenkämpfe in der Antike. Eingebracht wurde dieser Begriff von dem Autor Tertullian (150 - 220), der den Anfang der Gladiatorenspiele in den Bestattungsriten sieht, in denen oftmals Menschen als Spende für die Toten geopfert wurden.[10]

Der Brauch der *munus* (Totenspende) war im Mittelmeerraum weit verbreitet. Durch das Vergießen von Blut am Grab sollten die Seelen der Verstorbenen geweiht und friedlich gestimmt werden. Bei den dafür geopferten Menschen handelte es sich meist um Kriegsgefangene oder Sklaven, die zu diesem Zweck gekauft wurden. Es wird angenommen, dass dieses Bestattungsritual aus Kampanien stammte, welches zu dieser Zeit von den Etruskern beherrscht wurde, einem Volk von dem die Römer in vielerlei Hinsicht beeinflusst wurden. Aus der ursprünglichen bloßen Opferung entwickelten sich mit der Zeit jedoch regelrechte Leichenspiele, bei denen zwei bewaffnete Männer gegeneinander antraten. Dies kann man auch als erste Gladiatorenkämpfe sehen.[11]

Den entscheidenen Einstieg in die römische Kultur erhielten die *munera* im Jahr 264 v. Chr., als die Söhne des Iunius Brutus Peras' zu dessen Totenfeier drei Gladiatorenkämpfer auftreten ließen.[12] Von da an nahm die Bedeutung der Gladiatorenspiele in der römischen Gesellschaft stetig zu. Die Beerdigung rückte dabei in den Hintergrund und der Gefallen an der Unterhaltung gewann die Überhand. Schließlich wurden die Ausrichtung und Finanzierung der Spiele in die Hände der Konsuln gegeben und oblagen in der Kaiserzeit dem Kaiser.[13]

---

[10] Vgl. WEBER, S.23
[11] Vgl. PAOLUCCI, F. [1] 2007. *Gladiatoren: Leben für Triumph und Tod*. Berlin, S.11
[12] Vgl. PAOLUCCI, S. 14
[13] Vgl. GRANT, M. [1]1970. *Die Gladiatoren*. Stuttgart, S.16.

4.2 Die Entstehung einer Unterhaltungsindustrie

"[...] hi omne, quod vivunt, vino et tesseris impendunt et lustris et voluptatibus et spectaculis eisque templum et habitaculum et contio et cupitorum spes omnis Circus est Maximus;"

"[das römische Volk] widmet sein ganzes Leben dem Wein, den Würfeln, den Bordellen, Vergnügungen und Schauspielen. Der Circus Maximus ist ihnen Tempel und Wohnung, Versammlungsort und die ganze Hoffnung ihrer Wünsche;"

Ammianus Marcellinus, Res gestae, XXVIII, IV, 29

Dieses abwertende Urteil fällte Ammianus Marcellinus (325/330 – 391), ein römischer Historiker des 4. Jahrhunderts, über die Besessenheit und Beschränkung der Römer auf die *ludi circenses* (Zirkusspiele). Dem griechisch- stämmigen Ammianus erschien es nahezu unbegreiflich, wie aus dem als zivilisiert geltenden römischen Volk eine von den Spielen beherrschte Masse geworden war.[14]

Um das herauszufinden, muss folgende Frage beantwortet werden:

Was war es, das den enormen Reiz dieser Spiele ausmachte, welche die Massen stimulierten und das Leben in Rom über Jahrhunderte hinweg dominieren konnten?

Die *ludi plebei* (Volkes-Spiele) hatten seit Ende des 2. Jahrhunderts einen festen Platz in der Gesellschaft und gehörten seit jeher zu den aufregendsten Ereignissen im römischen Jahresablauf. Der Bezug zu den Gedenkfeiern an die Verstorbenen wurde bei den Spielen formell aufrechterhalten, doch in erster Linie dienten diese zur Unterhaltung des Volkes. Veranstalter waren gewöhnlich wohlhabende Privatpersonen. Das Programm der Feierlichkeiten bestand zunächst aus zwei Teilen: den *ludi circenses* (Zirkusspielen) und den *venationes* (Tierhetzen).[15] Aufgrund der wachsenden Beliebtheit der Spiele wurde diese immer regelmäßiger abgehalten und fanden alljährig zu festgesetzten Daten statt, die sich mit fortlaufender Zeit summierten.[16] (siehe Abbildung II: der römische Festkalender)

Die Popularität der *munera* beim Volk brachte die Politiker auf den absehbaren

---

[14] Vgl. WEBER, S.66f.
[15] Vgl. PAOLUCCI, S.21
[16] Vgl. ANONYM, *Panem et circenses – Die Macht der römischen Unterhaltungskultur*, S.20

Gedanken sie für ihre Ziele einzusetzen.[17] Augustus (63 v. Chr. - 14 n. Chr.), der Adoptivsohn und Nachfolger Julius Caesars, gilt als der erste Kaiser, der erkannte, welche Macht die Spiele auf das *plebs urbana* (römische Volk) besaß. Aus diesem Grund benutze er sie fortan als Instrument politischer Propaganda.[18] Die Ausrichtung der *ludi plebei* oblag nun ausschließlich in den Händen des *principis* (Kaisers), der sich außerdem an der Finanzierung der immensen Kosten der Spiele beteiligte. Auf diese Weise entwickelten sich die *munera* zum regelrechten Kaiserkult, der von den folgenden Kaisern Roms weiter geführt wurde, nicht ohne das Ziel die Spiele des Vorgängers noch zu übertreffen.

Doch keiner beherrschte das System dieser „Unterhaltungspolitik" so perfekt wie Augustus selbst, der nicht ohne Grund als der größte *editor muneris* (Spielinitiator) angesehen wurde.

Aus den Unterhaltungen in den Arenen leitete er drei Intentionen ab, welche dazu dienen sollten, sein hohes Ansehen und seine Macht zu festigen und möglichst noch zu vergrößern.[19]

Zum einen waren die *munera* ein höchst effektives Mittel, um das hauptstädtische *plebs* von der Politik abzulenken und zu besänftigen. Das Ziel Augustus' war es vor allem, nach den Demütigungen des Bürgerkriegs (133 - 30 v. Chr.) wieder Einheit und Eintracht in Rom herzustellen.[20]

Zugleich wollte der Herrscher sein Prestige durch die Veranstaltung prächtiger Spiele steigern. Und je mehr Aufsehen die *munera* erregten, desto eher stiegen die Kaiser in der *favor populi* (Gunst des Volkes).

Doch um das Volk vollends ihrer Macht zu entmündigen und dem Herrscher zu unterwerfen, gab ein anderer Aspekt den Ausschlag; die *popularitas* [Sueton, Titus, 8,2] Dies bedeutete in etwa volkstümliches Benehmen, sprich der Kaiser musste eine Verbindung zu seinen Untertanen aufbauen, um das Potenzial der *munera* vollkommen auszuschöp-

---

[17] Vgl. WEBER, S.25
[18] Vgl. PAOLUCCI, S.22
[19] Vgl. WEBER, S.60
[20] Vgl. PAOLUCCI, S. 23.

fen. Er war verpflichtet, den Spielen aufmerksam zu folgen und sich vor dem Publikum als umgänglich und volksfreundlich zu erweisen. Diese Gelegenheit lieferten die Augenblicke, in denen die Massen sich mit ihren Herrschern eins fühlen durften; wenn *princeps* und *plebs* in derselben Gruppenerregung eng verbunden waren und wie ein einziger Körper von den Ereignissen bewegt wurden, denen sie gemeinsam beiwohnten.[21] Die sozialen Unterschiede gerieten in Vergessenheit.

Nicht außer Betracht gelassen werden darf außerdem, dass die brutalen Gladiatorenkämpfe und Tierhetzen sicherlich auch die „Gewaltsucht" der Römer befriedigten, die in der Arena über Leben und Tod der Gladiatoren entscheiden durften.[22] Auf diesen Aspekt wird im nächsten Teilkapitel detaillierter eingegangen.

Um die Spiele der Vorgänger in den Schatten zu stellen, wurde der Festkalender von dem amtierenden Kaiser meist mit zusätzlichen *dies circenses* (Festtagen) gefüllt, die neue Maßstäbe setzen sollten, um das Volk von der eigenen Genialität und dem Glanz zu überzeugen.

So kam es, dass ein breit gefächertes Angebot von *spectaculis* (Schauspielen) in Rom Einzug erhielt. Der Circus Maximus fand insbesondere durch die Wagenrennen und das damit verbundene Wettgeschäft regen Zulauf. Tierhetzen wurden im Amphitheater veranstaltet, und das Theater bot eine große Zahl facettenreicher Bühnenstücke. Die beliebtesten aller Veranstaltungen fanden im eigens für die *ludi* erbauten Kolosseum statt: Gladiatorenkämpfe, die sich in ihrer Konzeption und Ausführung durchaus voneinander unterschieden und angeblich sogar Seeschlachten. Im Mittelpunkt des Geschehens standen die Gladiatoren.

Zu einer ausführlicheren Beschreibung der *spectaculi*, wie dem Ablauf eines Tages in der Arena, den Schauplätzen sowie das Leben der Gladiatoren, bietet der Umfang dieser Arbeit jedoch keinen Platz. Bei Betrachten des Fanatismus, mit welchem sich das römische Volk den Spielen hingab, scheint es, als habe der Herrscher seine Untertanen fest im Griff gehabt und die von August begonnene „Unterhaltungspolitik" sei perfekt aufgegangen. Doch die Roheit der *munera* löste auch Kritik aus.

---

[21] Vgl. STEFFENS, M. *Panem et Circensis*. <http//www.markaurel.de/brotundspiele.html>
[22] Vgl. ANONYM, *Panem et circenses – Die Macht der römischen Unterhaltungskultur*, S.39

4.3 Kritik und das Ende der Spiele

"Quae potest homini esse polito delectatio, cum aut homo imbecillus a valentissima bestia laniatur aut praeclara bestia venabulo transverberatur?"

Cicero, Epistulae ad Familiares, VII, 1, 3

„Welche Unterhaltung kann es für einen geistig kultivierten Menschen sein, wenn entweder ein schwacher Mensch von einem sehr kräftigen Tier zerfleischt wird oder ein herrliches Tier von einem Jagdspieß durchbohrt wird?"

Diese Frage stellte der berühmte Redner Marcus Tullius Cicero (106 - 45 v. Chr.) in einem Brief an einen Freund, dem er bestürzt seine Eindrücke über die Zirkusspiele des Pompeius schilderte.[23] Vor allem die fehlende Humanität und das pervertierte Unterhaltungsbedürfnis der Römer bezüglich der Grausamkeiten der *ludi circenses* stehen hier im Vordergrund.

Mit seiner Kritik an der verrohenden Gesellschaft war Cicero bei weitem nicht der Einzige, auch wenn die breite Masse großen Gefallen an den Geschehnissen in den Arenen fand.

Die Verurteilung der Gladiatorenkämpfe kam aus allen Gesellschaftsschichten, so sah etwa der römische Philosoph Seneca die Spiele als Abgrund der menschlichen Natur. Dem römischen Historiker Ammianus hingegen erschien der Wandel des hoch kultivierten *plebs urabana* zu einem von den Spielen redigierten willenlosen Mob als schier unbegreiflich.[24] Einen Appell, sich von den unmoralischen Gemetzeln fernzuhalten, richtete Tertullian an die Christen, der als erster Kirchenvater angesehen wird. Selbst einige römische Kaiser standen dem Treiben in den Arenen skeptisch gegenüber, wie Tiberius und Marc Aurel, letzterer ließ den Einsatz scharfer Waffen bei den *munera* gesetzlich verbieten.[25]

Doch auch wenn die Blutgier, der Sadismus und die Massenpsychose der Spiele durchaus auch kritische Stimmen fanden, so sollten die *munera* die gesamte Kaiserzeit hindurch bestehen. Die ersten beiden Jahrhunderte der Kaiserzeit waren zweifellos das gol-

---

[23] Vgl. ANONYM, *Panem et circenses – Die Macht der römischen Unterhaltungskultur*, S. 34
[24] Vgl. WEBER, S.23
[25] Vgl. WEBER, S.62

dene Zeitalter der römischen Spiele.[26] Erst im Laufe des 3. Jahrhunderts bewegten sich die Gladiatorenkämpfe langsam aber unausweichlich auf ihr Ende zu.

Als Grund dafür können zahlreiche Faktoren gelten. Einer davon war die Verbreitung des Christentums,[27] welches die blutigen Vorführungen wegen ihrer *inhumanitas* (Unmenschlichkeit) scharf anprangerten, wie etwa durch Tertullian. Außerdem wurde im Jahr 325 die Verurteilung zum Gladiator, die bei Verbrechern und Kriegsgefangenen gewöhnlich angesetzt worden war, abgeschafft und durch Zwangsarbeit in den Minen ersetzt. Freiwillige gab es kaum, Christen und Soldaten war es gar verboten als Gladiator zu kämpfen. Das Programm der *spectaculi* wurde zunehmend durch *venationes* und *contomonobolon* (eine Aufführung von Akrobaten) bestimmt. Die *munera* hingegen verloren immer mehr an Bedeutung.

Um diesen Umschwung voll und ganz nachvollziehen zu können, muss auch die Geschichte Roms näher betrachtet werden.

Der Zustand der römischen Welt hatte sich durch die Jahrhunderte entscheidend verändert. Die Spiele, die in einer vom politischen Wettkampf geprägten städtischen Kultur entstanden und den Kaisern dazu dienten, sich der Unterstützung und des Rückhaltes des Volkes zu vergewissern, verloren ihren Sinn in einer Welt, in der es weder eine städtische Plebs noch Mächtige gab, die die Spiele als politische Kontrollinstrumente nutzen wollten.[28] Kurz gefasst, die wirtschaftlichen, kulturellen und gesellschaftlichen Umstände waren einem fortwährenden Wandel unterzogen, für die *munera* boten diese ab dem 5. Jahrhundert endgültig keinen Raum mehr.

---

[26] Vgl. PAOLUCCI, S. 104
[27] Vgl. ANONYM, *Panem et circenses – Die Macht der römischen Unterhaltungskultur*, S. 40
[28] Vgl. PAOLUCCI, S.120f.

5 Der Wunsch nach *Panem et Circensis* in der modernen Gesellschaft

Die Luft scheint zu brennen. Gespannt warten die 20 Kandidaten, eingepfercht in einem Container, darauf zu erfahren, wen es heute getroffen hat. Die Entscheidung dafür liegt beim Zuschauer, der vom bequemen Sofa aus über das Schicksal der Kontrahenten entscheiden darf – per Mausklick. Der Sieger wird ein Preisgeld von 125.000 Euro kassieren, ein Tribut für das es wert ist, sich einer ständigen Videoüberwachung auszusetzen. Hinter den Kameras sitzt der Produzent der „Spiele", der sich genüsslich die Hände reibt. Die Einschaltquoten sind großartig, sogar höher als erwartet. Die Menschen haben bekommen, was sie wollen.

Was zunächst stark an eine Szene aus dem Kolosseum im antiken Rom erinnert, ist in Wahrheit die „Entscheidungsshow" des erfolgreichen TV- Formats „Big Brother." Die Sendung hat seit ihrem Beginn im Jahr 2000 allein in Deutschland schon 11 Staffeln durchlaufen und besitzt Einschaltquoten von einer halben Millionen pro Folge.[29]

Die Annahme, *Panem et Circenses* sei eine veraltete Kritik und ausschließlich anwendbar auf die Zustände in Rom erscheint in diesem Kontext höchst zweifelhaft. Denn das, was in dem videoüberwachten Container vor sich geht, ist „römische" Unterhaltung – in ihrer niedersten Form.

Die montierten Überwachungskameras verfolgen jede Handlung der Kandidaten. Um Abwechslung in das Geschehen zu bringen, müssen die Bewohner in vorgegebenen Spielen gegeneinander antreten. In den Vordergrund gestellt werden Streitszenen und Mobbing.[30] All dies geht vom Produzenten der Reality Show aus, es scheint, der Produzent ist der Kaiser, der Container die Arena.

Das Motiv ist jedoch möglichst hohe Einschaltquoten zu erlangen, ein Ziel für das der Produzent durchaus bereit ist, gesellschaftliche Tabus zu brechen und die Kandidaten den Zuschauern „zum Fraß vorzuwerfen",[31] was sich heute wohl mit der öffentlich ausgetragenen Demütigung deckt. „Big Brother" wird deswegen auch als „seelischer Kan-

---

[29] http://www.bigbrother.de/cms/front_content.php
[30] http://de.wikipedia.org/wiki/Big_Brother_%28Fernsehshow%29
[31] SCHEID, J. 2009. „Panem et Circenses/ Salotto Buono"
<www.julianevonherz.com/projects/Julia_Scheid.pdf>, S.8

nibalismus" kritisiert. Doch letztendlich unterliegt das Fernsehen dem Druck Sensationen zu produzieren, um den Konsumenten zu geben, was sie wollen.

Erklärungen für den weltweiten Erfolg dieses Sendungskonzepts sind sicherlich zum einen der Wunsch nach Ablenkung des eigenen langweiligen Lebens sowie die Aufwertung des Selbstwertgefühl des Zuschauers aufgewertet - was wohl in der Natur des Menschen liegt, in der Antike wie auch in der Moderne.

Aus diesem Grund können wir kaum behaupten, dass unser Unterhaltungsprogramm sehr viel bildender und niveauvoller ist als das der Römer. Unterschied ist die mediale Massenausbreitung, durch die unserer Unterhaltungsindustrie ein entscheidende Wende nahm. Heute braucht man nicht mehr in den Zirkus zu gehen. Denn der Zirkus kommt zu einem nach Hause.

Auch im Konsum von Gewalt stehen wir den Römern nur begrenzt nach. Die Todesstrafe wird nach wie vor in vielen Ländern vollstreckt, blutige Sportarten wie Boxen und Stierrennen erfreuen sich größter Beliebtheit und durch die modernen Medien ist es uns darüber hinaus möglich live am Kriegsgeschehen dabei zu sein oder gar uns selbst als Soldat auszuprobieren, wie etwa in erschreckend realitätsnahen Computerspielen.

Der angeführte Transfer in die Moderne ist fast ausschließlich war stark auf den Aspekt der *Circensis* in Deutschland beschränkt. Aber kann die Kombination aus *Panem et Circenses* ohne Probleme in die aufgeklärte Gesellschaft von heute übertragen werden? Ein Herrscher regiert schon seit langer Zeit nicht mehr das Land und Supermärkte gibt es im Überfluss. Es scheint von keiner Seite ein Bedürfnis an der ausgefeilten Strategie der römischen Imperatoren zu bestehen.

Und doch, vereinzelte Spuren sind noch heute zu erkennen. Der Blick sei gerichtet auf die politische Handlungsfreiheit, die von Politikern während der Fußballweltmeisterschaft 2006 bis zu seinen Grenzen ausgelotet wurde. Während alle Aufmerksamkeit auf den Erfolg der deutschen Mannschaft gerichtet war, wurde die Zeit genutzt, um höchst unpopuläre Gesetze zu verabschieden, wie die Erhöhung der Umsatzsteuer um drei Prozent. Fußball als Tarnung, WM als Ablenkung [32] war die Devise. Doch bei der folgenden Fußballweltmeisterschaft war die Strategie à la Augustus wieder deutlich erkennbar.

„Gleich zum Anpfiff ließ der Bundesrat schnell ein Gesetz zur Legalisierung jeder Art von Datensammlung durch das Bundeskriminalamt passieren." [PPQ, Fußball als Tarnung] Aber diese Gesetzesverabschiedung war bei weitem nicht die einzige, die zu einer anderen Zeit auf heftige Kritik gestoßen wäre. Eine Gesundheitsreform folgte, kostenbelastend vor allem für die deutsche Mittel- und Unterschicht,[33] auf den Staatsfunk wurden Gebühren gehoben.[34] Das umstrittene Swift-Abkommen wurde durchgesetzt, dass den Zugriff der amerikanischen Behörden auf Bankdaten der Swift billigte.[35] Der Wehrdienst wurde gekürzt, der Marineeinsatz im Libanon hingegen verlängert und der Militäreinsatz im Sudan ebenfalls.[36]

Erstaunlicherweise gibt es zu diesem Thema kaum Quellen, obwohl das Vorgehen der Bundesregierung bei näherem Hinsehen als offensichtlich erscheint. Doch aufgefallen scheint es nur der Minderheit – die alt bewährte *Panem et Circensis* Taktik dürfte funktioniert haben.

Festzuhalten ist, dass Augustus' Strategie der *Panem et Circensis* heute nicht mehr ausreichen würde, um das Volk auf Dauer still zu halten. Doch die Ablenkung durch Großereignisse, wie die Fußball-Weltmeisterschaft, wird von Politikern geschickt genutzt, um negativ angesehene Gesetze unbemerkt zu verabschieden.

---

[32] *„Fußball als Tarnung: Politik im Strafraum"* <http://www.politplatschquatsch.com/2010/07/macht-ja-nix-merkt-ja-keiner.html> (27.03.2012)
[33] Vgl. 2010. *Die Gesundheitsreform 2010 – Was ändert sich?*
<http://www.experto.de/b2c/gesundheit/die-gesundheitsreform-2010-was-aendert-sich.html>
[34] Vgl. <http://www.faz.net/aktuell/wirtschaft/haushaltsgebuehr-beschlossen-staatsfunk-11050536.html>
[35] Vgl. <http://netzpolitik.org/2010/swift-abkommen-entspricht-nicht-eu-datenschutzniveau/>
[36] Vgl. <http://www.faz.net/aktuell/politik/ausland/bundestag-wehrdienst-verkuerzt-einsatz-vor-libanon-verlaengert-1997198.html>

6 Fazit

Panem et Circenses – diese Charakterisierung der Gesellschaftszustände Roms zur Epoche der Kaiser prägte das Urteil über den dekadenten Römer über Jahrhunderte hinweg und gilt noch heute in vielen Köpfen als Prämisse der damaligen Zeit.

Kritisieren wollte der römische Satiriker Iuvenal mit der Metapher die Entpolitisierung des römischen Volkes, das statt politischer Einflussnahme nur eines verlangte; **Brot und Spiele**.

Hinter diesem Wunsch stand das System der Unterhaltungspolitik der Kaiser, welches darauf abzielte, dem *principi* Popularität zu verschaffen und das *plebs urbana* von sozialen und politischen Problemen abzulenken.

Die Gladiatorenspiele als ein Instrument der politischen Propaganda - so perfekt konnte das gnadenlos klingende Vorhaben allerdings nicht umgesetzt werden.

Um das vielschichtige Thema der *Panem et Circenses* abzurunden, erschien es als sehr interessant, einen Transfer des antiken Ausspruchs in die Moderne zu wagen – mit erschreckendem Ergebnis. Nicht nur die Römer, sondern auch die Gesellschaft der Gegenwart wird erkennbar von dem System der **Brot und Spiele** beherrscht. Die Wurzeln der römischen Unterhaltungsindustrie finden sich in vielerlei Hinsicht in unsere Kultur wieder, begünstigt vor allem durch die mediale Massenverbreitung. Degradierende Fernsehshows und die Ausnutzung von Großereignissen als politischer Spielraum spielen hierbei eine Rolle.

Iuvenals Kritik kann demnach keinesfalls als veraltet gesehen werden, sondern vielmehr als eine zeitlose Methode, mit der Menschen, zumindest größtenteils, zufrieden gestellt werden können - oder sogar demnach verlangen.

7 Literaturverzeichnis

ADAMIETZ, J. [1]1986. *Die römische Satire (=Grundriß der Literaturgeschichte nach Gattungen).* Darmstadt

ANONYM, [1]2001. *Panem et circenses – Die Macht der römischen Unterhaltungskultur.* Norderstedt Germany

BLEICKEN, J. [6]2004. *Geschichte der römischen Republik.* München

GILBERT, H. [1]1961. *Juvenal the Satirist.* New York

GRANT, M. [1]1970. *Die Gladiatoren.* Stuttgart

KNOCHE, U. 1982, *Die römische Satire.* Göttingen

PAOLUCCI, F. [1]2007. *Gladiatoren: Leben für Triumph und Tod.* Berlin

VOGEL, A. [1]2010, *Iuvenal- Satiren: Interpretation der Textstelle aus Iuv. Sat. 5, 49-79,* München,

WEBER, C.W. [1]1983. *PANEM ET CIRCENSES – Massenunterhaltung als Politik im antiken Rom.* Düsseldorf und Wien

ZILLING, M. [1]2004. *Tertullian. Untertan Gottes und des Kaisers.* Paderborn

Internet

AIGNER, S. 2003. *„Decimus Iunius Iuvenalis"*
<http://www.stefan.cc/geschichte/autoren/iuvenalis.html> (28.11.2000)

ANONYM, 2010. *Die Gesundheitsreform 2010 – Was ändert sich?*
<http://www.experto.de/b2c/gesundheit/die-gesundheitsreform-2010-was-aendert-sich.html> (28.02.2012)

BECKEDAHL, M. 30.07.2012 *"SWIFT-Abkommen entspricht nicht EU-Datenschutzniveau"*
<http://netzpolitik.org/2010/swift-abkommen-entspricht-nicht-eu-datenschutzniveau/>

GROSS, M. *„Die Macht des Fußballs – spezielle Gesetze zur WM"*
<http://archiv.c6-magazin.de/06/magazin/politik_gesellschaft/2006/06/1149174625.php> (01.06.2006)

MEIER, U. 2000. *„Das Fernsehen kommt zu sich selbst"*
<http://www.medienheft.ch/kritik/bibliothek/BigBrother.html>

PEITSMEIER, H. 22.10.2012 „*Staatsfunk*"
<http://www.faz.net/aktuell/wirtschaft/haushaltsgebuehr-beschlossen-staatsfunk-11050536.html> (28.03.2012)

SCHEID, J. 2009. „*Panem et Circenses/ Salotto Buono*"
<www.julianevonherz.com/projects/Julia_Scheid.pdf>

STEFFENS, M. „*Panem et Circenses*"
<http://www.markaurel.de/brotundspiele.html>

„*Fußball als Tarnung: Politik im Strafraum*"
<http://www.politplatschquatsch.com/2010/07/macht-ja-nix-merkt-ja-keiner.html> (10.07.2010)

„*Perfektion der Medienversorgung*"
<http://www.se.shuttle.de/lbsv/Projekt%20U%2091%20U%2092/perfektion.htm> (27.03.2012)

löw./F.A.Z. 17.06.2012
<http://www.faz.net/aktuell/politik/ausland/bundestag-wehrdienst-verkuerzt-einsatz-vor-libanon-verlaengert-1997198.html> (28.03.2012)

<http://www.bigbrother.de/cms/front_content.php> (27.03.2012)

<http://www.thelatinlibrary.com/> (Februar/März 2012)

<http://de.wikipedia.org/wiki/Big_Brother_%28Fernsehshow%29> (27.03.2012)

Quellenverzeichnis

Cicero, Epistulae ad Familiares; herausgegeben von D. R. Shackleton-Bailey, Cambridge, 2004

Corpus Inscriptionum Latinarum X

Iuvenalis, Saturarum libri X, mit erklärten Anmerkungen von Ludwig Freiländer, 1. und 2. Band, Darmstadt 1967

Livius, Periochae omnium librorum; herausgegeben von Otto Rossbach, Stuttgart 1981

Tertullian, Apology de spectaculis, with an English translation by T.R. Glover/Gerald Henry Rendall, London 1931

Sueton, Vespasian, Titus, Domitian: Lat. /Dt., Leipzig 1991

Anmerkung: alle an dieser Stelle aufgelisteten lateinischen Quellen wurden von mir selbst übersetzt

Hilfsmittel

MARTIN, A. 2012. „Latein Online Wörterbuch"
<http://albertmartin.de/latein/> (Februar/ März 2012)

SCHULZE STEINMANN, S. „frag-caesar.de"
<http://www.frag-caesar.de/> (Februar/ März 2012)

STOWASSER, J.M. et al. 1998. *Stowasser.* Wien

8 Anhang

I. Getreide für Rom (WEBER, C.W. [1]1983. *PANEM ET CIRCENSES – Massenunterhaltung als Politik im antiken Rom.* Düsseldorf und Wien, S. 259)

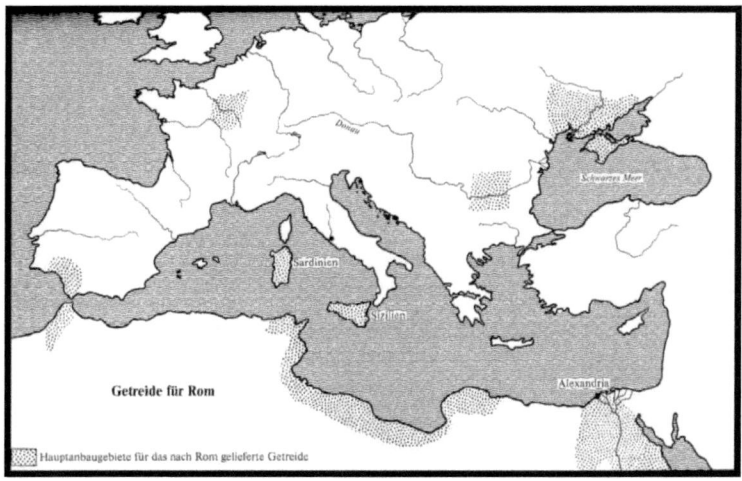

II. Der römische Festkalender (ANONYM, [1]2001. *Panem et circenses – Die Macht der römischen Unterhaltungskultur.* Norderstedt Germany, S.20)

Einführung der Spiele	Name der Spiele	Zeitraum
509 v. Chr.	**ludi romani** – zu Ehren der Einweihung des Jupitertempels auf dem Kapitol	
216 v. Chr.	**ludi plebeii** – zu Ehren des römischen Göttervaters Jupiter	4.11. – 17.11
208 v. Chr.	**ludi apollinares** – zu Ehren des Sonnengottes Apollon	6.7. – 13.7.
202 v. Chr.	**ludi cereri** – zu der Fruchtbarkeitsgöttin Ceres	12.4. – 19.4.
194 v. Chr.	**ludi magelesia** – zu Ehren der Göttin der Kultur und der Stadtgründung Kybele	4.4. – 10.4.
174 v. Chr.	**ludi floralia** – zu Ehren der Blüten- und Blumengöttin Flora	27.4. – 3.5.